軍師大進擊

歷代智囊的奇謀妙計

韓明輝 著

「早知伴君如伴虎，不如回家烤紅薯。」

目錄
CONTENTS

壹

姜子牙

一個神一樣的男人

如果從商末周初選出一位擁有最強大腦的「腦王」，姜子牙必能奪冠。

這是一位靠智商足以封神的男人！

你《封神榜》看多了吧？

　　按理說，姜子牙這種智商爆表的人應該一出道就能爆紅，但誰能想到他七十多歲時竟然還是一個素人？

出道大半生，歸來仍是素人！

相比阿 Q 常掛在嘴邊的「我們先前比你闊多了」，姜子牙的祖上確實非常闊綽。他祖上做過大禹的助理，曾協助大禹治水，因為業績好，還得到一些封地。

我們先前比你闊得多啦！你算什麼東西！

封地就那麼大，但姜家子孫卻愈來愈多，不管怎麼分，都不可能人人有份。所以，有人注定成為地主，有人注定淪落為平民。

很不幸，我就屬於淪落為平民的那一撥人！

姜子牙大半生都窮困潦倒，窮到什麼地步呢？凡是能用錢解決的事，他一件都解決不了。

貧窮不可怕，可怕的是我就是那個貧窮的人！

據說，姜子牙為了討生活曾做過屠夫，開過酒吧。

別人做生意都成了富豪，而你依然還是個窮鬼，一看就不是做生意的料！

中國歷史上的名人多如牛毛，但像姜子牙這種七十多歲還沒有走紅的卻屈指可數。

　　那麼，姜子牙後來為何突然走紅呢？是因為他以釣魚為名，釣住了周國的大老闆西伯侯。

本人不缺才華，缺的只是一個能給我機會施展才華的大老闆！

姜子牙釣西伯侯的具體經過是這樣的：

有一次，姜子牙聽說西伯侯要去打獵，會經過渭水南岸，就拿個魚竿在那裡裝模作樣地釣魚。

據說，姜子牙釣魚的方式非常奇葩。不用魚餌就算了，用的還是直鉤，且魚鉤離水面有三尺高。

這就是「姜太公釣魚——願者上鉤」的故事。

商、周兩代的人比較迷信，芝麻蒜皮的小事都要占卜。

西伯侯打獵前就曾占了一卦，卦象顯示：他所獲非龍非螭（傳說中沒有角的龍），非虎非熊，而是一個能夠輔佐他稱霸的好幫手。

當西伯侯樂呵呵地跑去打獵時，途中遇到一個仙風道骨的老頭正在釣魚，而這個老頭就是一直等著他上鉤的姜子牙。

我等的「大魚」終於要上鉤了！

西伯侯笑眯眯地走上前，和姜子牙閒聊。聊完後，他堅信姜子牙就是他要找的人。

當天，西伯侯便開著跑車，載著姜子牙回到周國。一到周國，姜子牙立刻被封為太師。

這段關於「姜子牙歸周」的故事，想必大家都耳熟能詳，且這事還被司馬遷記載在《史記》中，但它可信嗎？

不好說！就連司馬遷也不確定這事是真是假，所以他在《史記》中還記載另外兩種關於「姜子牙歸周」的說法。

另外兩種說法到底是怎麼說的呢？我們一個一個說！

一種說法是，姜子牙曾替商紂王打過工，但發現商紂王是個人渣後，便辭職不幹了。

我要是再替你打工，就是助紂為虐！

辭職

後來，他去其他諸侯國應聘，但沒有碰到一個識貨的老闆，才流落到周國，被慧眼識珠的西伯侯招進公司。

一個人光有才華還不行，有時候還需要一個賞識你的好老闆，才能有所作為！

另一種說法是，有人說西伯侯的壞話，導致西伯侯被商紂王囚禁。他的大臣聽說姜子牙鬼點子多，便懇請姜子牙設法解救。

　　當時，姜子牙是個隱士，對做官不感興趣，但他知道西伯侯是個好君主，才答應出山。

姜子牙與西伯侯的大臣為了救出西伯侯也是滿拚的，他們幾乎集齊了當時世上最稀有的珍寶，例如有莘氏的美女、驪戎的彩色駿馬、有熊氏的九套駕車的馬。當他們將這些東西獻給商紂王後，商紂王高興壞了，立刻放了西伯侯。

只要獻出其中一樣寶貝就足夠讓我放了你，更何況這麼多呢！

儘管「姜子牙歸周」的說法不一，但基本上都認同姜子牙是西伯侯和他兒子周武王的首席智囊。

　　西伯侯被釋放回國後，姜子牙便開啟大腦，全力輔佐西伯侯。

　　在姜子牙的運作下，西伯侯被成功打造成世界級「道德模範」。為的是讓他全世界圈粉，然後借助粉絲的力量推翻商朝。

在此期間，姜子牙貢獻不少用兵的權謀和妙計。所以，後人一提到兵法和周朝的隱祕權術時，都說姜子牙是祖師爺。

大家都說你是兵家鼻祖，實至名歸！

太公兵法

當時，西伯侯的口碑好到什麼程度呢？諸侯們有什麼矛盾不去找天下共主商紂王，反而去找西伯侯來主持公道。

有一次，虞國和芮國存在領土糾紛，兩國的人便去找西伯侯評理。剛進入周地，他們看到周人互相推讓田界，並以謙讓長者為美德，便十分慚愧地說：「我們所爭取的，恰恰是周人所不齒的，還去見西伯侯做什麼，不過是自取其辱罷了！」他們回去後互相謙讓地界，一場領土糾紛就這樣輕鬆化解了。

西伯侯才是承受天命降臨的天下共主！

據說，西伯侯就是在虞國、芮國請他裁決領土糾紛的那一年稱王的，史稱「周文王」。

升官了，要請客吃飯哦！

帶你吃自助餐，保證讓你扶牆進去，扶牆出來！

就在商紂王和蘇妲己整天膩在一起燃燒卡路里時，周文王加班滅了不少口碑差的諸侯國。

滅了你們，就是替天行道！

周文王的地盤變得愈來愈大，一些小弟擔心商紂王將來管不住周文王，便在商紂王面前詆毀周文王，沒想到商紂王卻毫不在乎。

　　商紂王不管不問，周文王更加肆無忌憚地擴大地盤。

　　周文王在去世前已拿下三分之二的天下，而這些大多都要歸功於姜子牙的計謀。

俗話說，老子英雄兒好漢。周文王去世後，接班的兒子周武王也是個高手，沒過幾年便迫不及待地想要滅掉商紂王。

當時，天下有無數諸侯。周武王想滅掉商紂王，還得看看其他諸侯是否支持。

為了試探其他諸侯，他帶著大部隊進行一次討伐商紂王的軍事演習。

當周武王到達孟津時，沒想到竟然有八百個諸侯前來加盟。

我們早就看商紂王不順眼了，果斷滅了他！

　　雖然有八百個諸侯為周武王應援，但周武王卻認為還不是滅商的時候，便打道回府了。

為何有八百個諸侯替周武王撐腰，他還不敢發飆呢？原因只有一個，周武王認為他和八百個諸侯的實力還不足以推翻商紂王。有史學家猜測，至少還有八百個諸侯支持商紂王。這意味著當時很可能有至少一千六百個諸侯。有沒有這種可能呢？有！據《戰國策》記載，商湯建立商朝時曾有三千個諸侯。到商紂王時，有一千六百個諸侯也不是什麼稀奇事。

這種關乎國家生死存亡的事，
沒有十成的把握，萬萬不能幹！

就在周武王虎視眈眈的時候，商紂王依然我行我素，做了
不少找死的事。

我就這樣靜靜地看著你
把自己送上絕路！

商紂王的叔叔比干見他在找死的路上漸行漸遠，便冒死覲見。商紂王不但不聽勸，還讓人把他的心挖了出來。

聽說聖人的心有七個孔，把你的心挖出來，讓我看看是真是假！

你無情，你殘酷，你無理取鬧！

沒有心，人哪裡還能活！不久，比干便去世了。比干一死，把商紂王的另一個叔叔箕子給嚇到閃尿了。

我經常勸侄子好好做人，好擔心他會因此記恨我，對我下黑手！

箕子擔心被殺，便裝瘋賣傻，做了別人的奴隸。

儘管他的演技能夠媲美奧斯卡影帝，但商紂王依然沒有放過他，把他關進監獄。

> 惹我不開心的人，只有兩個下場，要嘛吃牢飯，要嘛吃斷頭飯！

當商紂王從一個坐擁數百萬粉絲的網紅變成沒什麼粉絲的人，周武王才下定決心要討伐商紂王。

> 如果你有自知之明，就趕緊滾出帝王圈，免得我動手！

不過，發兵前，周武王差點凸槌。當時他占了一卦，沒想到是凶卦。此外，天氣也不捧場，狂風暴雨突然降臨。

　　大夥都認為，此時還不是討伐商紂王的最佳時機。

好飯不怕晚，我建議還是換個日子再收拾他！

　　唯獨姜子牙不信邪，力勸周武王發兵。周武王才決定出兵。

占卜這種事對我們有利的時候我們就信，對我們不利的時候幹嘛要信！

NO NO NO NO

當周武王率領大軍再次來到孟津時，有無數諸侯紛紛加盟。周武王帶領聯軍一路殺到商朝國都朝歌的郊外：牧野。

> 只要我軍攻克朝歌，你就完蛋了！

商紂王聽說周武王帶領大軍殺來，便親率七十萬大軍前去迎戰。

小知識

商紂王雖然殘暴，但不是廢物。據正史記載，他天資聰穎，力大無窮，能與猛獸搏鬥，還認為自己天下無敵。與商紂王交手，孰勝孰敗，猶未可知。

商紂王本以為自己能完爆周武王幾條街，哪承想士兵卻臨陣倒戈，與周武王合夥收拾他。

商紂王一看打不過，便狼狽地逃回朝歌，這就是著名的「牧野之戰」。

像我這麼優秀的人，竟然會敗得一塌糊塗，還有天理嗎？

　　商紂王知道自己徹底涼了，便逃到他經常逍遙快活的鹿臺自焚。

沒親手宰了你，太便宜你了！

當周武王殺進朝歌時，商紂王只留給他一具半生不熟的屍體。周武王當即砍下商紂王的頭顱，然後殺了蘇妲己，釋放箕子，並修繕比干的墳墓。

　　周武王是一個情商非常高的人，雖然推翻商朝，但沒有對商紂王一族趕盡殺絕。

　　他將商紂王的兒子武庚封在商朝舊地，讓他繼承商朝的祭祀，此舉讓他在商朝的遺民中收穫不少粉絲。

這事幹得漂亮！

商紂王死後，周武王建立周朝。接下來，最要緊的事就是大封功臣了。

凡是有功的大臣，都能得到封地！

做為第一功臣，姜子牙被封到富饒的齊國，成為齊國的開國之君。

去封國期間，姜子牙似乎不急於上任，一路上走得比蝸牛還慢。

此時此刻，姜子牙卻萬萬沒想到危險正在逼近，差點讓他斷送整個齊國。

好在有個與他同住五星級飯店的好心人一句話點醒了他。

姜子牙一聽嚇壞了，擔心會出差錯，連夜穿上衣服直奔齊國，在黎明前就到達齊國。

姜子牙還沒來得及喘氣，萊國人就殺來了。

萊侯想著周朝剛剛平定天下，沒空收拾他，所以帶兵來搶齊國的地盤。

有姜子牙坐鎮，萊侯沒有占到一點便宜，最後不得不空手
而歸。

姜子牙不但能上馬打天下，還能下馬治天下。在他的治理下，老百姓紛紛過上小康生活，就連其他國家的人，也紛紛移民齊國。

到周武王的兒子周成王即位時，有人犯上作亂，周成王便給了姜子牙征伐天下諸侯的特權，為的是讓他收拾這幫亂臣賊子。

東到大海，西到黃河，
南到穆陵，北到無棣，
天下諸侯，你都可以討伐！

　　齊國正是因為有了這項特權，才能名正言順地擴大地盤。
齊國後來能成為超級大國，和這也有很大關係。

你憑什麼打我？

奉旨打人

齊國是個好地方，瀕臨大海，僅靠煮鹽墾田就能富甲一方。

可惜姜子牙的後代不會經營，他去世幾百年後，被小弟田氏奪去王位，史稱「田氏篡齊」。

不過，田氏奪去王位後沒有更改國號。直到秦始皇一統天下後，齊國才徹底滅亡。

不管齊國姓「姜」還是姓「田」，能延續八百餘年，我已經很欣慰了！

貳

管仲

擁有我，就能稱霸天下

做為大聖人，孔子一生中很少開金口稱讚人，但有個人卻讓他讚不絕口，這個人就是管仲。

管仲是多麼仁義啊！

如果不是他，你們都得披頭散髮，穿著奇裝異服，做野蠻人！

但誰能想到，年輕時的管仲怎麼看都不像是個好人，更不像是一個身懷寶藏的人！

這是什麼情況？

別急，馬上爆管仲的黑歷史給大家！

管仲曾經與死黨鮑叔牙合夥做生意，每次分錢時，他總想多拿點，但鮑叔牙卻說：

　　他也曾替鮑叔牙出謀劃策，沒想到反而搞得鮑叔牙更加窘迫，但鮑叔牙卻說：

沒多久，他又出去做官，沒想到三番五次被國君炒魷魚，但鮑叔牙卻說：

他不但當官不行，當兵也不敬業。每次打仗，就在別人不要命地往前衝時，他卻偷偷開溜，但鮑叔牙卻說：

後來，管仲和鮑叔牙各自找到了一份美差。管仲做了齊襄公弟弟公子糾的老師，鮑叔牙則做了齊襄公另一個弟弟公子小白的老師。

我有一種預感，將來我們可能會成為「死敵」！

齊襄公是個荒淫無道的主，對於他這種人，不了解他的想罵他，了解他的想打他。

齊國被齊襄公天天這麼折騰，能不大亂嗎？
公子小白和公子糾擔心城門失火，殃及池魚，便紛紛外逃。

果然，沒多久，齊襄公就被堂兄弟公孫無知殺了，還被奪去國君之位。

齊襄公雖然不是什麼好人，但公孫無知也好不到哪裡去。

有一次，公孫無知外出旅遊，結果被旅遊景點的仇人給殺了。

齊國一時間沒了國君，讓公子小白和公子糾看到機會。

為了爭奪國君之位，公子小白和公子糾都馬不停蹄地往回趕。管仲是個狠人，為了幫公子糾搶占先機，便親自帶人截殺公子小白。

管仲一追上公子小白，立刻張弓搭箭朝公子小白射去，公子小白應聲倒地。

　　管仲原以為自己射殺了公子小白，哪承想卻被公子小白影帝級的演技給騙了！

小知識

事實上，管仲並未射死公子小白，只射中他的衣帶鉤。公子小白立刻戲精上身，倒地裝死。管仲不知道上當受騙，便飛速派人將自己射殺公子小白的喜訊告訴公子糾。公子糾信以為真，所以並未著急趕路。

　　等管仲與公子糾到達齊國邊境時，兩人頓時傻眼，因為他們發現公子小白不但活著，還做了國君。

　　公子小白就是中國歷史上赫赫有名的齊桓公。

齊桓公一即位，立刻發兵阻止公子糾、管仲進入齊國。

只要我還活著，你倆休想再踏進齊國半步！

驅逐

沒想到，煮熟的鴨子竟然讓它飛了！

公子糾和管仲別提有多鬱悶了，兩人心有不甘，還想搏一把，於是帶領魯國士兵殺向齊國。豈料屢戰屢敗，最後還被齊軍截斷後路。

這下沒招使了吧？

如何才能輕鬆除掉公子糾一夥呢？齊桓公想到一個妙計：借刀殺人。他恐嚇魯國國君魯莊公說：

公子糾是我兄弟，我不忍心殺他，麻煩你替我宰了他！管仲、召忽（公子糾的另一個老師）是我的仇人，麻煩你把他們送到齊國，我要把他們剁成肉醬！如若不然，我就滅了魯國！

魯莊公是個膽小鬼，立刻將公子糾殺了。

召忽擔心回到齊國死得更難看，便提前自己抹了脖子。

然而，管仲卻像個沒事的人似的，不但不怕，還翹首期盼著早日被押送回齊國。

果然，管仲一到齊國，齊桓公不但沒有殺他，還給他升職加薪了。

管仲險些殺了齊桓公，難道齊桓公不想宰了他嗎？其實，齊桓公恨不得將他抽筋剝皮。

　　那他為何還要對管仲委以重任呢？因為鮑叔牙對他說了一番話。

　　如果你想治理好齊國，有我和高傒就足夠了。但如果你想稱霸列國，非管仲不可！

　　在此之前，管仲雖然從來沒幹成過什麼事，甚至還斷送公子糾的性命和大好前程，但自從跟了齊桓公，卻突然大放異彩。

過去的黑歷史都不要再提啦！
我要開始新的征程！

在管仲的輔佐下，齊桓公開始大力發展經濟，用賺來的錢獎勵賢人，幫助貧困戶脫貧。

齊國人的錢袋子變得愈來愈鼓，齊國也變得愈來愈富強。

看來當初饒你
一命是對的！

說起來，齊桓公是個喜歡記仇的人。當年，魯國人幫他兄弟搶國君之位的事，他一直記在心裡，怎麼想怎麼彆扭，於是決定再次發兵教訓魯國。

我要讓魯國人為曾經犯下的錯付出慘痛代價！

　　魯莊公見齊桓公來勢洶洶，立刻派將軍曹沬率軍迎戰。

　　齊國是大國，魯國是小國，齊國打魯國比捏死一隻螞蟻還容易。

　　雙方打起來的結果就是，曹沬屢戰屢敗，還被搶去很多地盤。魯莊公害怕，連忙割地認輸。

在當時，割地要簽合約，而且需要兩國國君碰面。

不料齊桓公與魯莊公簽完合約後，發生一場意外：齊桓公被曹沫劫持了。

保命要緊，齊桓公被迫答應曹沫的要求。

當曹沫放了齊桓公後，齊桓公非常生氣，不但想食言，還想殺掉曹沫，不過被管仲阻止了。

儘管齊桓公很不情願，但還是將搶來的地盤還給魯國。

讓齊桓公大感意外的是，此舉讓他在諸侯中圈粉無數。

原以為丟了面子，沒想到卻因此而長臉，都是你的功勞啊！

　　大家還記得當初齊桓公為何沒殺管仲嗎？沒錯，就是為了讓他輔佐自己稱霸。

　　如何才能稱霸呢？管仲出了一個絕妙的主意給齊桓公：尊王攘夷。

什麼叫「尊王攘夷」？

就是讓諸侯們尊重周天子，並且帶領他們一起對付蠻族！

春秋時期，天下出現兩個尷尬局面：一、做為天下共主的周天子已經管不住各國諸侯，諸侯們不但不再聽從周天子號令，而且還動不動欺負周天子；二、被中原人稱為蠻族的少數民族經常跑到中原鬧事，搞得中原各國苦不堪言。在這種情況下，管仲讓齊桓公打著「尊王攘夷」的旗號稱霸，完全合理合法，任誰都挑不出毛病。

自從打出「尊王攘夷」的旗號，齊桓公儼然成為周天子與各國諸侯的保護傘，而且從來不收保護費。

你簡直就是救苦救難的活菩薩！

例如，山戎欺負燕國，齊桓公二話不說，帶兵將山戎打得生無可戀。

例如，狄人侵犯衛國，齊桓公立刻變成工頭，帶領一支建築隊，幫助衛國修建城牆，防止狄人進城擾民。

再例如，以蠻夷自居的楚國，其國君不但擅自稱王，與周天子平起平坐，還完全不把其他諸侯放在眼裡。於是，齊桓公決定殺殺楚國的威風，便發兵討伐楚國。

楚王率兵迎戰，陣前，他很委屈地問管仲為何要到楚國找碴，管仲回答：

周成王曾經給予先君太公（姜子牙）征伐天下諸侯的權力，如今，楚國不向天子進貢包茅，導致天子無法祭祀，不打你打誰？當年，周昭王南征楚國，一去不回，不找你問罪找誰？

大哥，包茅我以後會照常給天子發貨！至於周昭王，是他自己掉進河裡餵魚，可不能賴我們楚國！

齊桓公見楚王認錯態度還不錯，就沒繼續找碴。

如今，連楚王都不敢和齊桓公叫囂，至於其他諸侯，借他們十個膽，也不敢和齊桓公叫囂。

送你一個大寫的「服」！

幾年後，當齊桓公召集各國諸侯到葵丘會盟時，他的霸業達到頂峰。

恭喜你，成為春秋時期首位霸主！

人一旦做出點成績就很容易膨脹，齊桓公也不能免俗，他甚至想搞一場隆重的封禪大典。

小知識

「封禪」就是祭祀天地，表示自己受命於天，同時向天地彙報自己的豐功偉績。中國歷史上雖然出現過四、五百個皇帝，但舉行過封禪大典的，十根手指頭都能數出來。為何這麼少呢？因為只有建立過偉大功業的帝王才有臉進行封禪，例如一統天下的秦始皇、掃滅匈奴的漢武帝就曾做過。至於其他帝王，大多沒臉這麼做。

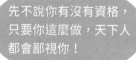

我曾經九次召集諸侯會盟，匡正天下於一統，難道沒有資格舉行封禪大典嗎？

先不說你有沒有資格，只要你這麼做，天下人都會鄙視你！

雖然管仲強烈反對齊桓公舉行封禪大典，但齊桓公堅持要辦。管仲拗不過他，只好對他說：

封禪大典不是不可以舉辦，但缺了遠方的珍奇異物怎麼行呢？你先把珍奇異物集齊，再談封禪吧！

那些玩意我何時能集齊啊？我不舉行了不行嗎？

　　如果不是管仲在齊桓公身邊時刻敲打著他，齊桓公不知道會犯多少錯，又豈會成為霸主？

為了輔佐齊桓公，管仲簡直操碎了心。即便是在他去世前，當齊桓公問誰可以替代他做相國時，他還在替齊桓公擔憂，所以並未正面回答。

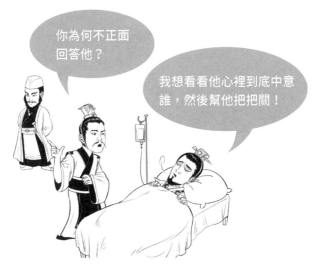

你為何不正面回答他？

我想看看他心裡到底中意誰，然後幫他把把關！

　　齊桓公見管仲沒有正面回答，於是一連說了心目中的三個理想人選。

易牙怎麼樣？

你說沒有嘗過嬰兒的味道，易牙便把兒子蒸了獻給你。他連自己的孩子都不愛，怎麼可能愛你呢？

我們這裡離開方的老家只有數天路程，然而他卻十五年沒有回家探親。一個連親人都不愛的人，怎麼可能愛你呢？

開方怎麼樣？

你喜歡美女又愛吃醋，所以豎刁自宮，把自己變成太監來替你管理這些美女。沒有人不愛惜自己的身體，而豎刁連自己的身體都不愛，怎麼可能愛你呢？

豎刁怎麼樣？

儘管管仲臨終前再三叮囑齊桓公，千萬不要重用易牙、開方、豎刁三人，卻被齊桓公當成耳旁風。

　　管仲去世後，齊桓公對三人更加親近，導致三人獨斷專權。

　　更悲劇的是，齊桓公病重時，他們聯合齊桓公的兒子們掀起一場奪位之爭，致使齊國大亂。

哪位公子和我們關係好，
我們就幫他奪取國君之位！

齊桓公的五個兒子參與這場奪位之爭，而這五個不孝子在齊桓公去世後的六十七天裡都沒有替他收屍，以至於他的屍體上爬滿了蛆。

當初要是聽了你的建議，我堂堂一代霸主也不至於死得如此不體面！

嗚
嗚
嗚

……

參

伍子胥

我為復仇而活

春秋時期，如果比慘，恐怕沒有幾個人能比得過伍子胥。

　　像伍子胥這麼優秀的人，本該燦爛地度過一生，為何會搞得這麼慘呢？都是他老爸伍奢的同事費無忌害的。

將你碎屍萬段也難解
我心頭之恨！

伍奢和費無忌都是太子建的老師。

有一年，楚平王派費無忌到秦國為太子建娶媳婦。費無忌
見秦女長得像天仙似的，便對楚平王說：

秦女擁有天使臉孔，魔鬼身材，
漂亮極了，不如大王自己娶回家
算了！至於太子嘛，再給他另外
娶一個就是了！

如果是一般人，說什麼都不會和兒子搶女人，但楚平王偏偏是個毫無底線的傻瓜。他毫不猶豫地將秦女娶回來，替兒子另外找了個老婆。

好兒子，今後她就是你媽了！快來叫「媽」！

貌美的媳婦突然變成媽，太子建能不生氣嗎？

小知識

費無忌擔心太子建即位後會找他算帳，所以經常在楚平王面前羞辱太子建。楚平王本來就不怎麼喜歡太子建，便把他支出都城，讓他駐守城父。與他同行的，還有伍奢和他的大兒子伍尚、小兒子伍子胥。

　　為了徹底整垮太子建，費無忌沒日沒夜地在楚平王面前詆毀他。

楚平王是個什麼腦子的人，聽風就是雨，經費無忌這麼一挑撥，立刻將伍奢從太子建身邊召回並嚴加審問，逼他交代太子建的罪行。

　　伍奢知道是費無忌在背後搗鬼，便對楚平王說：

　　任伍奢說得口沫橫飛，楚平王就是不信他。

　　隨後，楚平王命人將他打入大牢，然後派司馬奮揚去殺太子建。

　　奮揚知道太子比竇娥還冤，便暗中通報太子，讓他逃命。

太子建一口氣跑到宋國，僥倖躲過一劫。

費無忌見殺太子不成，又想謀害伍奢一家，便對楚平王說：

為了將伍奢一家趕盡殺絕，楚平王欺騙伍奢說：

把你的兩個兒子叫來，我饒你一命。如果不叫，我現在就宰了你！

伍尚寬厚仁慈，叫他一定會來。伍子胥桀驁不馴，且能忍辱負重，他知道來了必死，一定不會來！

　　楚平王知道軟的不行就來硬的，便派人去威脅伍尚和伍子胥兄弟二人。

你們老爸已經被大王綁票，如果你們肯回去，大王就放了他；如果不回，大王就撕票！

伍尚原本打算和使者回去，卻被伍子胥攔住。

大王召我們兄弟回去，不是想饒了爸爸，只是擔心我們逃跑後會找他報仇，所以才用爸爸做誘餌，騙我們回去！只要我們回去，一定會和爸爸一起被殺，對爸爸有什麼好處呢？

不如我們逃往別的國家，等待時機，替爸爸報仇！

我知道去了也不能救出爸爸，但爸爸為了求生，召喚我們，如果不去，會被天下人恥笑。你走吧，可以幫爸爸報仇，我留下與爸爸共赴黃泉！

見伍尚死活不肯走，伍子胥只好獨自逃命。

伍尚一回到都城，便和老爸一起被殺了。

臨終前，伍奢聽說伍子胥逃跑了，十分感慨地說了一句話：

伍子胥聽說太子建在宋國，便前去投奔。

後來，兩人先後流亡鄭國和晉國。

在晉國，太子建千不該萬不該，不該聽晉頃公給他出的餿主意，以至於丟了性命。

> 鄭國對你很信任，不如你回鄭國幫我做內應，我們聯手滅掉鄭國，到時我把鄭國分封給你！

先不說晉頃公是不是拿太子建當槍使，當初太子建流亡鄭國時，鄭國拿他當座上賓對待，他能恩將仇報嗎？他能！

只不過老天沒給他這個機會。他回鄭國沒多久，就被僕人舉報了。

對待這種白眼狼，鄭定公也沒手軟，直接殺了他。

　　伍子胥擔心受牽連，悄悄逃出鄭國。下一站，他決定去吳國。

途經吳、楚交界的昭關時，伍子胥險些被楚軍抓獲。幸好有一個好心的漁翁幫他渡河，才躲過一劫。

這把寶劍價值百金，我想將它贈送給您老人家，以報答您的救命之恩！

楚王下令說，只要抓到伍子胥，就能得到五萬石糧食和執珪的爵位。這些我都看不上，又豈會貪圖你區區一把寶劍呢？

　　當時，伍子胥無法乘坐飛機、高鐵和汽車，又買不起馬車，只能靠兩條腿步行到吳國。

　　然而，還沒有到達吳國，他就花光身上所有錢。沒錢怎麼生活呢？要飯！

我看閣下骨骼清奇，是個做乞丐的奇才，不如加入我們丐幫吧？

不了，我喜歡自己來！

伍子胥靠著一路要飯成功來到吳國。

別看他在吳國人生地不熟，但腦子靈光，竟然透過將軍公子光見到吳王僚。

吳王僚見他很有才能，就將他留在身邊。

楚國的敵人就是我的朋友！今後，你就留在吳國替我工作吧！

有一年，吳國邊境的女子與楚國邊境的女子因為採桑葉的事打了起來。後來，逐漸演變成兩國之間的戰爭。

　　吳王僚派公子光出戰，公子光搶走楚國兩座城池就回去了。

　　這讓伍子胥看到復仇的機會。

楚國立刻就能被打敗，
希望大王再派公子光前去！

伍子胥哪裡會想到公子光竟然給他潑了一盆冷水！公子光對吳王僚說：

> 打敗楚國哪有伍子胥說得那麼容易！他不過是為了復仇才勸大王攻打楚國，大王千萬別信他！

公子光不願攻打楚國是因為楚國難打敗嗎？

這不是最主要的原因，最主要的原因是他的心思不在對外用兵上，而在吳國的王位上。

這點伍子胥看得比誰都清楚。

如果我能幫公子光奪取王位，相信他會幫我復仇的！

　　公子光想要稱王，就必須先除掉吳王僚。為此，伍子胥向公子光進獻一名頂級刺客，名叫專諸。

專諸讓誰三更死，閻王都不敢留他到五更！

有一天，公子光邀請吳王僚到他家吃燒烤，估計吳王僚也猜出公子光沒安好心，所以帶了很多保鑣，一直從王宮排到公子光的家裡。

當公子光與吳王僚吃得正開心的時候，公子光假裝腳疼，便離席而去。他轉過身就跑到地下室找專諸去了。

專諸將匕首藏入烤魚中，假扮成服務生，準備趁著為吳王僚上菜的時候刺殺他。

客官，您要的
烤魚來了！

吳王僚看見烤魚，只顧著流口水，哪裡會想到專諸竟然以迅雷不及掩耳之勢從魚腹中拔出匕首向他刺去。

吳王僚毫無防備，當場斃命。

如有來生，燒烤我只吃
自助的，因為別人烤的
我不放心！

專諸也未能全身而退，瞬間被吳王僚那幫義憤填膺的保鑣大卸八塊。

兄弟，你放心地去吧，我會像對待自己的孩子一樣對待你的孩子，像對待自己的老婆一樣對待你的老婆！

　　正在這時，公子光突然率領早已埋伏在地下室的士兵全部殺出，殺光吳王僚的保鑣，自立為王，他就是吳王闔閭。

等了好久，終於等到今天！夢了好久，終於把夢實現！

闔閭是個有恩必報的人，當然不會忘記伍子胥當初進獻專諸的功勞，所以讓伍子胥做了外交官，還讓他參與國家大事。

　　闔閭沒讓伍子胥失望，自他稱王後，便派伍子胥三番五次到楚國砸場。

　　伍子胥最好的一次成績是跟著孫武一起攻占楚國都城。

當時，楚平王早已去世，即位的是他與秦女所生的兒子楚昭王。

伍子胥四處派人搜捕楚昭王，不料讓他逃跑了。

楚平王已死，楚昭王也逃了，伍子胥的仇是不是無法報了？

　　不，他自有辦法！

　　他將楚平王的屍體從墓裡刨了出來，然後狠狠地抽了三百鞭。

小知識

　　還記得伍子胥的另一個仇人費無忌嗎？他是什麼結局呢？死得非常慘，而且還連累整個家族。不過，他也是罪有應得，如果不是他喜歡搬弄是非，導致大批忠臣被冤殺，也不至於在楚國引起公憤而被滅族。

　　伍子胥攻進楚國都城時，昔日好友申包胥躲進深山老林。

　　當他聽到伍子胥鞭打楚平王屍體的事後，異常氣憤，便將伍子胥數落一番。

由於秦國公室是楚昭王老媽的娘家人，為復興楚國，申包胥便跑到秦國向秦哀公求救。

秦哀公本來不想管閒事，但見申包胥哭個沒完沒了，才發兵幫助楚國。

就在大批秦軍支援楚國的同時，闔閭的後院也起火了。弟弟趁他在前線打仗，悄悄在國內自立為王。

連你哥哥的王位也搶，還能不能要點臉？

你能搶別人的王位，我憑什麼不能搶你的王位！

闔閭為了收拾弟弟，只好馬不停蹄地趕回吳國。

等收拾完弟弟後，闔閭猛然發現楚昭王已經趁吳國內亂逃回楚國都城。

滅楚的大好時機被白白錯過，闔閭、伍子胥只好悻悻而歸。

你的大仇得報，我們也算是沒有白忙活一場！

當時，吳國的勁敵可不只楚國一個，還有越國。

闔閭與允常鬥了一輩子，誰都沒占到多大便宜。
不過，闔閭在壽命上卻占了便宜，因為允常死在他前頭。

允常死後，兒子句踐即位。句踐即位時才二十出頭，闔閭以為他年輕好欺負，便親自率兵攻打越國。

你爹不在了，我要替他好好管教一下你這個毛頭小子！

我會送你去見他的，免得他在地下孤獨！

　　闔閭自認為薑還是老的辣，卻不曉得小的也不差。

　　為了迎戰吳軍，句踐組建一支敢死隊，讓他們排成三排，衝入吳軍陣地，然後大呼數聲，自刎而死。

　　吳軍哪裡見過這種場面，都看傻眼了。

就在吳軍還沒有反應過來時，越軍火力全開，大敗吳軍。
闔閭在這場戰役中也不幸被射傷，不治身亡。
臨終前，死不瞑目的他對即將接班的兒子夫差說：

你能忘記殺父
之仇嗎？

我做鬼都不會
忘記！

夫差一即位，便日夜練兵，準備替老爸報仇。

句踐想先下手為強，卻遭謀士范蠡反對。不過，句踐沒有聽從范蠡的建議，執意要攻打吳國，最終卻被吳軍圍困在會稽山中。

無奈之下，句踐只好派大臣文種去求和。

敗軍之臣句踐派我來向大王求和，只要大王肯放他一馬，他願意替大王當保全，讓他老婆替大王當保姆！

文種一番裝可憐，著實感動了夫差。夫差原本想答應，但伍子胥卻不同意。

上天要把越國賞給吳國，幹嘛要答應他！

好吧，聽你的！

句踐聽說夫差不同意求和，便想殺掉妻兒，燒掉珍寶，與吳軍決一死戰，不過被文種阻止了，因為文種已經想到應對之策。

吳國的太宰伯嚭雖然是個小人，卻深受吳王寵信，如果我們送他幾個辣妹，再匯給他一筆鉅款，他肯定會替我們說好話，說不定這事還有轉機！

不久，文種便帶著一群辣妹和一大批珍寶去賄賂伯嚭，伯嚭果然照單全收，且再次將文種引薦給夫差。

在伯嚭的勸說下，夫差又想答應句踐的請求，不料伍子胥再次跳出來反對。

句踐是個明君，文種、范蠡都是賢臣，如果大王放句踐回國，一定會後患無窮！

　　無論伍子胥如何勸諫，夫差就是油鹽不進，最終還是赦免了句踐，並撤軍而回。

　　據說，夫差赦免句踐後，句踐曾到吳國替夫差當保全。為了爭取早日回國，句踐曾在夫差生病期間，品嘗夫差的糞便，替夫差診斷病情。這事被東漢人記載在《吳越春秋》中，但可信嗎？不太可信。理由有三個：一、據春秋時期的《國語》記載，句踐向夫差求和時，只是說要親自到吳越邊境磕頭謝罪，並願意讓嫡長子和嫡長女去侍奉夫差，沒有說要親自侍奉夫差；二、據《史記》記載，夫差赦免句踐後，句踐就回國了，然後派范蠡和柘稽去吳國當人質；三、《吳越春秋》有不少小說家之言，且成書時間晚於《國語》和《史記》數百年，可信程度遠不及後兩者。

回國後，句踐開始臥薪嘗膽，並努力將越國打造成一個世界強國，然後伺機報仇。

當年所受的恥辱，我會讓夫差加倍償還！

吳、越之間的恩恩怨怨暫時告一段落。一閒下來，夫差就感到空虛。當他聽說齊景公去世的消息時，決定去齊國搞事情。

不過，伍子胥卻不贊同。

句踐做為一國之君，一頓飯連兩道菜都不捨得吃，還經常哀悼死者，慰問病號，打算有所作為。這種人不死，一定會成為吳國的禍害！

　　儘管伍子胥嘴皮子都快磨破了，但夫差就是不聽勸，執意要攻打齊國，而且還讓他打勝了。

　　凱旋後，夫差不但向伍子胥誇耀自己英明神武，還將伍子胥臭罵一頓，不料卻被伍子胥揶揄一番。

你不要高興得太早，
笑到最後的人才是贏家！

夫差遭揶揄，氣得半死。伍子胥見好心被當成驢肝肺，也氣得要自殺。夫差只好好言相勸，伍子胥才作罷。

你等著瞧，要不了三年，
吳國就會成為一片廢墟！

沒過幾年，夫差又要攻打齊國。句踐聽說後，樂壞了，連忙向夫差大獻殷勤，不但出錢還出力。

　　與此同時，句踐沒有忘記賄賂伯嚭。有伯嚭每天在夫差面前替自己美言，夫差就對句踐徹底放鬆警惕。

你這傢伙挺會辦事，
我對你很放心！

伍子胥聽說夫差又要打齊國，仍舊站出來反對。

大王攻克齊國，就像占領一塊石田，沒有一點用處！而越國是吳國的心腹大患，希望大王放棄齊國，攻打越國，現在後悔還來得及！

夫差不但不聽伍子胥的勸諫，還派伍子胥出使齊國。

伍子胥知道吳國遲早會毀在夫差手中，不想讓兒子跟著遭殃，便在出使齊國期間，將兒子託付給齊國的朋友。

麻煩你幫我兒子辦張齊國的綠卡，讓他永遠待在齊國！

伯嚭見伍子胥將兒子送到齊國，這下終於找到整死伍子胥的辦法。於是，他開始在夫差面前搬弄是非。

伍子胥連他老爸和哥哥的生死都不顧，怎麼會關心大王呢？上次伐齊，他竭力反對，結果大王打了勝仗，他竟然因此埋怨大王！

如今大王御駕親征齊國，伍子胥因為勸諫不被採納就曠工，甚至裝病不跟隨大王出征。希望大王早做防備，以防發生變故！我聽說他出使齊國時，將兒子送到齊國。他這不是感覺齊國的月亮比吳國圓嗎？希望大王早下手為強！

夫差本來就猜忌伍子胥，再加上伯嚭煽風點火，便送一把寶劍給伍子胥，命他自殺。

你還是自己動手吧！

沒有我，你爸怎麼可能稱霸列國？後來，我將你扶上王位，你答應將吳國分我一半，我沒要，沒想到如今你卻聽信讒言要殺我！

不久，伍子胥便揮劍自殺了。不過，自殺前他曾交代手下替他辦兩件事。

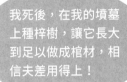

我死後，在我的墳墓上種梓樹，讓它長大到足以做成棺材，相信夫差用得上！

把我的雙眼摳出來，懸掛在吳國都城的城門上，我要眼睜睜地看著越國滅掉吳國！

夫差聽到伍子胥的遺言後，差點氣死。他命人將伍子胥的屍體裝進袋子，扔進江裡。

我讓你死無葬身之地，我看你還怎麼種樹做棺材！

至於你那雙眼，恐怕要餵魚了！

就在伍子胥死了十一年後，夫差便被句踐圍困在姑蘇山上。這次，輪到他向句踐求和了。

人心都是肉長的，句踐見夫差可憐，本來也想放他一馬，卻被范蠡阻止了。

經范蠡一番勸說後，句踐才狠下心要滅掉吳國。不過，他不打算殺掉夫差，而是想給他一百戶人家，讓這一百戶人家供養他。

混到今天這種地步，完全是夫差咎由自取，所以他很慚愧
地自殺了。臨終前，他用衣服遮住臉，並說：

肆

商鞅

成也變法，敗也變法

說出來大家可能不信，戰國初期，最被各國瞧不起的是後來一統天下的秦國。

主要有兩個原因：一、當時秦國像隻弱雞似的，好欺負；二、秦人的風俗和夷狄一樣，父子居住在同一個房間，他們連男女有別都不懂！

大家為什麼瞧不起秦國呢？

如此不堪的秦國後來為何能鶴立雞群呢？這還要感謝一個人，就是「變法教父」商鞅。

商鞅曾是法律系高材生，特別喜歡鑽研法學，年紀輕輕就做了魏相公叔痤的助理。

有一年，公叔痤病危，魏惠王便帶著鮮花、水果去加護病房看他。

其間，魏惠王問他，未來誰可以替代他做相國，公叔痤當即向他推薦商鞅。

別看公孫鞅年輕，卻是個奇才，希望大王能夠把國家大事全權委託給他！

公叔痤見魏惠王不出聲，知道讓商鞅做相國這事沒戲，便對魏惠王說：

如果大王不打算重用公孫鞅，就殺了他，千萬別讓他離開魏國，以免被其他國家重用，對魏國不利！

行，聽你的！

魏惠王走後，公叔痤連忙將商鞅叫來，並對他說：

剛才大王問我，誰能替代我做相國，我向大王舉薦你，但看大王的神情，他不會同意我的建議！

身為人臣，應當先忠於君王，然後忠於朋友，所以我勸大王如果不用你，就殺了你。你還是趕快逃命吧！

大王既然不會聽你的話用我，又怎麼會聽你的話殺我呢！

商鞅沒有離開魏國，結果正如他所料，魏惠王既沒有用他，也沒有殺他。

魏惠王為何不聽公叔痤的建議呢？因為魏惠王認為他病糊塗了。

沒想到公叔痤竟然病得胡說八道，真讓人傷心哪！

他讓我把國家大事全權交給公孫鞅，這太荒唐了吧？

公叔痤死後，商鞅成為無業遊民。然而，正當他不知道該去哪裡找工作時，秦孝公突然發布一則極具吸引力的招聘啟事。

不管是誰，只要能讓秦國變強大，我就讓他做大官，給他分封土地！

　　商鞅沒想到這邊剛打瞌睡，那邊就有人遞枕頭，決定去秦國碰碰運氣。

　　當時，他算是職場新人，而非年薪百萬的精英。新人一般沒什麼知名度，想見一國之君難如登天。

想好怎麼見秦孝公了嗎？

三個字：走後門！

商鞅和秦孝公的寵臣景監關係非常好，他透過景監爭取到面試機會。但讓商鞅沒想到的是，整個面試的過程異常曲折。

原以為面試一次就會被錄用，沒想到卻一連面試四次！

第一次面試時，商鞅和秦孝公大談堯、舜治國的帝道，秦孝公聽得昏昏欲睡。

等商鞅走後，秦孝公把景監叫來，臭罵了一頓。

你推薦的是個說話不著邊際的傢伙，這種人怎麼能用呢？

見未被錄用，商鞅又死皮賴臉地向景監求得第二次面試機會。

　　第二次面試時，商鞅和秦孝公大談商湯、周武王治國所用的王道。儘管商鞅說得天花亂墜，但秦孝公仍聽不進去。景監因此又挨了一頓臭罵。

兄弟，為了你，我已經挨長官兩次罵了！

再給我最後一次機會，就一次！這次保證不讓你挨罵了！

第三次面試時，商鞅和秦孝公大談春秋五霸稱霸列國所用的霸道。這次，秦孝公不但沒有責罵景監，還誇獎了商鞅。

第四次面試時，商鞅口若懸河，滔滔不絕，秦孝公聽得如痴如醉，兩人一連談了好幾天都不感覺疲憊。

秦孝公對商鞅前後的態度為何會一百八十度大轉彎呢？見景監一臉問號，商鞅便向他解釋說：

我勸國君採用帝王之道建立夏、商、周那樣的盛世，但他不想等太久，還說賢明的君主都希望在位時就能名揚天下，不想悶悶不樂地等上百十年才成就帝王大業！因此，我便用強國之術遊說他，所以他非常高興。但這樣就無法和商湯、周武王的德行相媲美了！

有商鞅輔佐，秦孝公便想在秦國搞一場變法，但又怕大家說三道四，所以猶豫不決。

商鞅看得出秦孝公有所顧慮，便開導他。

行動猶豫不決就搞不出什麼名堂，辦事猶豫不決就不會成功！超出常理的行為，哪有不遭到世俗非議！擁有獨到見解的人，也一定會被庸人嘲笑。只要你臉皮夠厚，這都不是事！

再說了，蠢貨在事成之後還弄不明白是怎麼回事，而聰明人事先就能預知未來。所以，不要和老百姓商量，等做成了，和他們分享成果就行了！

變法，牽一髮而動全身。仍有顧慮的秦孝公決定為支持變法的商鞅和反對變法的守舊派舉辦一場盛大的辯論賽，辯題是「秦國是否應該變法」。

　　隨後，商鞅便與以甘龍、杜摯為代表的守舊派展開一場激烈辯論。

只要能讓國家強大，就不必沿襲舊法度。只要有利於百姓，就不必遵循舊禮制！

此言差矣！聖人不改變民俗就能施以教化，聰明人不改變法度就能治理國家。順應民風民俗施以教化，不費勁就能成功。沿襲舊法治理國家，官吏駕輕就熟，而且百姓安定！

你的說法太落伍了！普通人喜歡安於現狀，讀書人常常拘泥於書本上的見聞，你讓這兩種人奉公守法還行，卻不能和他們談論變法！

夏、商、周三代禮制不同卻能一統天下，春秋五霸法制不同卻能稱霸一方，這說明聰明的人制定法律，愚蠢的人被法律制約，賢人變更禮制，庸人被禮制約束！

商鞅三言兩語便辯得甘龍啞口無言，杜摯見甘龍敗下陣來，連忙站出來幫腔。

沒有上百倍的利益，就不能改變舊法。沒有十倍的功效，就不能更換禮器。效仿舊法不會出岔子，遵循舊禮不會出現偏差！

治理國家沒有一成不變的方法，只要有利於國家就沒有必要效仿舊法。所以，商湯、周武王沒有沿襲舊法而稱王，夏桀、商紂王沒有更換舊禮而滅亡。因此，反對舊法的人不應該遭受非難，而沿襲舊禮的人也不值得表揚！

　　經過一場充滿火藥味的辯論後，做為評審的秦孝公最終判定商鞅獲勝，並全力支持商鞅變法。

你只管在秦國使勁折騰，
出了事，我幫你扛著！

不久，商鞅傾盡畢生所學制定一套新法。

然而，不論新法有多好，如果老百姓不信也是白搭。

如何才能讓老百姓相信呢？商鞅想到一個怪招。他在國都南門立了一根三丈長的木頭，並說：

誰要是能把這根木頭搬到
北門，就賞他十鎰黃金！

很多人辛辛苦苦打一輩子工也掙不到十鎰黃金，搬根木頭就能拿這麼多？大家懷疑有詐，都不敢搬。

商鞅見沒人敢搬，於是將賞金提高到五十鎰。

正所謂「重賞之下必有勇夫」，果然有個愣頭青站了出來，一口氣將木頭扛到北門。

商鞅立刻拿出五十鎰黃金賞給這個人。

「徙木立信」事件一出，不管是官方媒體，還是民間小報，都爭相報導。一時間，秦國幾乎無人不知、無人不曉這件事。

> 我花了區區五十鎰黃金就打了一個極具轟動效應的廣告，簡直賺翻了！

事後，商鞅開始雷厲風行地進行變法。

商鞅到底進行哪些變法呢？主要有六個方面：一、不管你是達官顯貴，還是平民百姓，只要有軍功就能拜將封侯，沒有軍功就什麼都不是；二、把五家編為一伍，十家編為一什。十家互相監督，如果一家犯法，十家都要受罰；三、一家有兩個壯丁，必須分家；四、禁止打架鬥毆；五、對商人徵收重稅，對種地優秀者免除勞役和賦稅，凡是懶漢，沒收他們的老婆充當官奴；六、統一度量衡。

變法損害貴族們的利益，一經頒布就遭到眾人抵制。

這還不是商鞅遇到的最大難題，最大的難題是太子竟然也犯法。

如果不懲罰太子，變法就無法繼續施行！如果懲罰太子，就等於懲罰未來的國君。我看你怎麼辦！

就在大家都等著看商鞅笑話時，豈料商鞅竟拿太子的老師公子虔和公孫賈開刀。

公子虔遭到重罰，公孫賈更慘，臉上還被刺了字。公子虔不但是太子的老師，還是秦孝公的親兄弟。商鞅連他都敢收拾，其他人更不在話下。所以，自從公子虔和公孫賈遭到重罰後，再也沒有人敢違抗商鞅的法令了。

變法推行十年後，秦國得到大治。老百姓撿到東西都會自覺地交給「警察叔叔」，山裡的強盜也都從良了。老百姓不敢私鬥，卻爭相為國征戰。

曾經有一批反對新法的人，後來變成新法的鐵粉。按理說，商鞅聽說後應該感到高興對吧？但恰恰相反！商鞅認為他們都是擾亂國家秩序的刁民，所以將他們全部發配邊疆。從此以後，再也沒人敢議論新法。

我的法令只能用來服從，不允許拿來議論，哪怕是誇獎也不行！

在商鞅的改造下，秦國迅速成為超級大國，並打遍天下無敵手，就連周天子也承認秦孝公的霸主地位。

知道秦國為何能打遍天下無敵手嗎？因為商鞅制定二十級軍功勳位制。商鞅將爵位分為二十個等級，斬首愈多，爵位愈高，享受的待遇就愈高。所以，秦軍一到戰場上就像瘋了似地砍人頭，因此被稱為「虎狼之師」。

我們砍的不是人頭，而是一個能夠出人頭地的未來！

秦國稱霸後，便不想一直窩在陝西那旮旯，決定向東擴張，老鄰居魏國則首當其衝。

　　秦國可不只魏國一個老鄰居，但為何偏偏選中魏國呢？

魏國與秦國不能並存，因為魏國與秦國只隔著黃河，且占據崤山以東的有利地形，如果形勢有利就向西攻打秦國，如果形勢不利就向東擴張領土！如今，魏國被齊國打趴，又不得人心，秦國可趁機奪取黃河和崤山的有利地形，以便於控制東方列國，這可是一統天下的帝王大業啊！

這次攻打魏國，商鞅親自掛帥。

魏惠王任命公子卬為將軍，迎戰商鞅。

為了打敗魏國，商鞅幹了一件令天下正人君子所不齒的事。

兩軍對峙時，商鞅對公子卬說：

公子卬哪裡會想到這是一場騙局！兩人一見面，商鞅就讓埋伏在周圍的甲士將他抓起來。

公子卬被抓，魏軍群龍無首，商鞅不費吹灰之力就打敗魏軍。

魏軍慘敗，可把魏惠王給嚇壞了。

為了向秦國求和，魏惠王被迫將多年前從秦國搶來的大片河西之地割讓給秦國。與此同時，他還將都城遷到離秦國更遠的大梁。

此時此刻，魏惠王回想起多年前公叔痤臨死前交代他的話，不禁感嘆道：

商鞅幫秦孝公奪回他老爸到死都未能奪回的河西之地，秦孝公封他為二十級軍功勛位制中最高一級的列侯，同時還將商於之地的十五座城賞給他。

此時，商鞅可謂風光無限。然而，他有多風光就有多招人恨，因為他幾乎把秦國的貴族全得罪了。

商鞅也知道貴族們都想弄死他，每次不帶十幾車保鑣，都不敢出門。

有人曾勸商鞅，將商於之地還給秦國，歸隱山林做個隱士，說不定能保命。商鞅正志得意滿，哪裡聽得進這些勸告！

你貪圖商於之地的富有，又以獨攬秦國大權為榮，只會讓秦國人更恨你。如果有一天秦孝公去世，你的死期就不遠了！

　　果然，等秦孝公一死，曾經的太子，就是現在的秦惠王，便與他的小夥伴們誣陷商鞅謀反，並派人逮捕商鞅。

把商鞅給我抓回來，我要將他車裂！

為了活命，曾經風光無限的商鞅如今卻如同喪家犬一樣四處逃亡。

途經秦國邊境時，還出現一個小插曲：他想住旅館，卻發現沒有攜帶身分證。

「作法自斃」這個成語就是這麼來的。

逃離秦國後，商鞅做了一件打臉的事，他竟然逃往老仇家魏國，並向魏國尋求庇護。

魏國人憎恨他當初使詐打敗公子卬，不但沒有收留他，還將他遣送回秦國。

誰都沒有想到商鞅竟然能從秦國再次逃脫，並悄悄溜回自己的封地。

對於秦惠王等人而言，不殺商鞅，難解心頭之恨，於是秦惠王便發兵攻打商於之地。

這下商鞅終於嘗到由他培養出來的虎狼之師的厲害，沒多久，他就被秦軍斬殺。

商鞅死後，秦惠王還不解恨，又將他處以車裂之刑，並滿門抄斬。不過，讓貴族們鬱悶的是，秦惠王卻沒有廢除商鞅的法令。

大王不是不喜歡商鞅的法令嗎？為何不將其廢除呢？

我做太子時不喜歡，但不代表我做國君後依然不喜歡！

伍

孫臏

出來混，遲早要還的

「兵聖」孫武去世一百多年後的戰國時期，老孫家又出現一位高智商的軍事天才，就是今天要講的主角：孫臏。

老孫家的基因真是太強大了！

　　在用兵打仗方面，和孫臏同時代的人，恐怕沒有幾個能超越他。

正所謂「木秀於林，風必摧之」，所以有人總想毀掉孫臏。而這個人不是旁人，正是他的老同學龐涓。

我看不慣別人
比我優秀！

不管我在哪裡，有多大成就，總感覺孫臏壓我一頭！

嫉妒讓龐涓變得心理扭曲，為了毀掉孫臏，先把他誆騙到魏國，然後栽贓陷害他，砍去孫臏兩隻腳，並在他臉上刺字。

既然不如你，那我就毀掉你！

狗永遠是狗，但人有時候卻不是人！

對於孫臏而言，眼下最關鍵的事不是報仇，而是如何逃出龐涓的魔掌。

孫臏是齊國人，有一年，他聽說齊國使者來魏國出差，便暗中聯絡齊使，希望他能把自己帶出魏國。

齊使見孫臏是個奇才，便趁龐涓不注意，將孫臏藏進馬車，悄悄帶回齊國。

總有一天，我會讓龐涓血債血償！

在齊國，孫臏結識大將軍田忌，兩人還成為好哥們。

田忌有個愛好，喜歡賽馬。儘管他的馬和其他人的馬實力相差無幾，但他總是輸，還輸了不少錢。

孫臏見田忌輸得慘不忍睹，便拍著胸脯對田忌保證：

等再與齊威王和一幫貴族子弟賽馬時，田忌一次下了上千金的賭注。

這次再輸，你就只能去要飯了！

萬一要是贏了呢？

等比賽快開始時，孫臏才告訴田忌他的妙計。

用你的下等馬對付他們的上等馬，然後用你的上等馬對付他們的中等馬，用你的中等馬對付他們的下等馬！

比賽結束時，田忌三局兩勝，一次贏了齊威王上千金。

老大，我就不和您老客氣了！

拿走、拿走！

　　田忌知道孫臏是將才，需要更高的平臺才能施展才華，於是將他推薦給齊威王。

小知識

　　齊威王聽說田忌能在賽馬中贏他，是孫臏出的主意，所以對孫臏十分好奇。等見到孫臏後，齊威王便向他請教兵法，結果被他圈粉。當即任命孫臏為軍師，但凡和打仗有關的事，他都會向孫臏請教。

後來，魏國圍攻趙國都城邯鄲，趙國急忙向齊國求救。
齊威王一向以助人為樂，一口就答應了。
他本來想任命孫臏做主將，但孫臏死活不同意。

齊威王見自己說破天也沒有用，只好讓田忌做主將，讓孫臏做軍師。

　　從此，本該做為將軍征戰沙場的孫臏以謀士的身分正式出道。

　　接下來，就是如何救趙國了。

　　你是不是和田忌想得一樣，直奔趙國，然後與趙軍聯手將魏軍趕出趙國？

孫臏卻不這麼想，他主張圍魏救趙。

如今，魏、趙互毆，魏國的精銳部隊必定都在國外，而國內都是一些老弱殘兵。如果我們趁魏都大梁空虛之際，攻打大梁，大梁危急，魏軍必定放棄趙國，回軍救援。這樣，趙國之危就會解除！

「圍魏救趙」這個成語就是這麼來的。

田忌旋即帶兵殺向大梁，魏軍果然回軍救援，然而剛走到桂陵，就被齊軍打了埋伏。齊軍不但幫趙國成功解圍，還大敗魏軍。

　　俗話說，君子報仇，十年不晚。

　　又過了十餘年，孫臏終於等來復仇的機會。

　　有一年，魏、趙兩國聯手欺負韓國。韓國向齊國求救，齊威王再次派田忌、孫臏前去支援。

　　這次，兩人仍使用「圍魏救趙」的辦法。

我要讓魏國在同一個地方栽兩次跟頭！

正在前線打仗的龐涓聽說魏國告急，連忙撤軍殺回魏國。就在這時，孫臏開始給龐涓下圈套了。

魏軍一向剽悍，且看不起齊軍。不如我們將計就計，下個圈套給龐涓！

田忌聽從孫臏的建議，帶兵進入魏國的第一天，砌了十萬個做飯的爐灶。第二天，砌了五萬個。第三天，只砌了三萬個。

坐等龐涓入套！

　　龐涓仗著數學好，一直跟在齊軍屁股後面數他們的爐灶數量。他驚奇地發現，齊軍的爐灶一連三天都在減少，心裡都快樂開花了。

我本來就知道齊軍膽小如鼠，沒想到才進入魏國三天，就有一大半人開溜了！

龐涓當即決定放棄步兵，帶領一支精銳騎兵日夜兼程追擊齊軍，要殺他們一個措手不及。

這次，我要讓孫臏葬身魏國！

孫臏估算出龐涓當晚會到達馬陵，便讓人剝下道路旁的一棵大樹的皮，並在上面寫上八個大字：龐涓死於此樹之下。然後，他讓一萬名神箭手埋伏在道路兩旁，還交代他們說：

　　夜晚，龐涓果然趕到馬陵。他看到樹上有字，便點亮火把，想看個清楚。然而，還沒等他看完，便有無數支箭朝他射來。

魏軍頓時大亂，龐涓知道必敗無疑，不想被生擒，更不想被孫臏折辱，便拔劍自殺了。臨死前，他悲憤地說：

馬陵之戰，孫臏不但逼死龐涓，還俘虜魏國太子，從此名
揚天下。

陸

張良

運籌帷幄之中，決勝千里之外

如果有一天你穿越到古代且可以隨意選擇身分，你想做個君臨天下的帝王，還是腰纏萬貫的富豪，抑或是學富五車的才子？

　　不過，需要提醒你的是，做什麼都別做功臣，因為做功臣太危險了。

很多帝王可以共患難，卻不可以共富貴。一旦他們功成名就，就會卸磨殺驢，例如句踐殺文種，劉邦殺韓信，朱元璋殺李善長等！

做功臣為何會有危險呢？

　　一旦碰上卸磨殺驢的帝王，鮮有功臣能全身而退。不過，謀聖張良卻是個例外。

做為功臣，不但要會替帝王謀事，還要會替自己謀身！

戰國時期，張良是韓國人，他爺爺、老爸曾替五代韓王做過相國。

如果不出意外，他將來也會成為相國。但很可惜，還沒等他長大，韓國就被秦始皇滅了。

我的祖國，我的大好前程，全毀在你手裡了！

韓國滅亡時，張家仍然擁有上萬金家產和三百個僕人。有這些財產，即便是在秦朝，張良也可以舒舒服服地做個富豪。

　　然而，為了替韓國報仇，他不惜變賣家產，甚至連弟弟去世也不厚葬，把錢全部拿去尋找刺客，刺殺秦始皇。

不殺秦始皇，我愧對韓國，愧對列祖列宗！

　　後來，還真讓他找到一個大力士。這個大力士擅長耍鐵錘，他耍起一百二十斤的鐵錘和姚明打籃球、梅西（Lionel Messi）踢足球一樣溜。

在鐵錘界，大家都管我叫「鐵錘一哥」！

有一年，秦始皇外出旅遊。張良算準他會經過博浪沙，便與大力士整天在那裡蹲點，然後見機行刺。

此時，離秦始皇滅掉六國才沒幾年，想殺他的人能從南極排到北極。

一路上，由於擔心刺客行刺，秦始皇今天坐「BMW」，明天坐「賓士」，後天說不定又換「特斯拉」，搞得張良無法確定他坐在哪輛車上。

等見到秦始皇的車隊後，二人只好隨便挑一輛襲擊，結果一錘下去砸錯車。

對於秦始皇這種做夢都想長生不老的人，哪裡容得下想要他性命的刺客！他立刻派人全世界地搜捕刺客。

張良只好隱姓埋名躲起來，而大力士再也沒有出現過。

有一天，張良閒來無事，在橋上散步，遇到一個怪老頭。
老頭故意將鞋扔到橋下，然後對張良說：

要不是看他年紀大，張良當時真想把他打成豬頭。

張良強忍著怒火，跑到橋下，幫他把鞋撿了上來。豈料老頭卻說：

把鞋給我穿上！

張良心想，既然撿都撿了，那就幫他穿上吧！

等幫老頭穿好鞋，老頭笑眯眯地走了。然而，剛走沒多久，他又折回來。

孺子可教！五天後，
在這裡等我，不見不散！

五天後，天剛亮，張良便匆匆趕到橋邊，沒想到老頭已經在那裡等他很久了。老頭劈頭蓋臉地罵了他一頓。

和老人約會，怎麼能遲到呢？
五天後，早點來！

　　第二次，張良再晚老人一步。第三次，張良半夜去橋上等候，總算比老頭先到。

　　這下老頭很滿意，從懷中掏出一部書，遞給張良。

再過十年，你就會發跡。十三年後，
你我將在濟北相遇，谷城山下有一塊
黃石，那就是我！

讀了這部書，你就
能做帝王的老師！

張良沒想到這個怪老頭竟然是大隱士黃石公，更沒想到黃石公竟然會將《太公兵法》傳授給他。

　　張良得到《太公兵法》，猶如郭靖得到《九陰真經》、東方不敗得到《葵花寶典》，很快便成為一個足智多謀的「絕世高手」。

十年後，秦始皇已經去世，即位的是蠢萌的小兒子秦二世。

秦二世即位的那一年，小隊長陳勝、吳廣因為天氣不好無法按時到北京上班，怕被砍頭，便率領九百戍兵革秦朝的命。

到北京是死，逃跑也是死，還不如死得轟轟烈烈呢！

這話沒毛病！

恐怕就連陳勝、吳廣也沒想到，他們振臂一揮，竟然會圈粉無數。

很快，陳勝在強大粉絲團的支持下自立為王，並建立「張楚」政權。

與此同時，曾經被秦始皇滅掉的六國也紛紛復國。

天下大亂之時，
正是我張良的出
道之日！

　　張良聽說楚國王室後裔景駒自立為楚王，便帶領一百多人
前去投奔。不料在留縣遇到他一生中的貴人：劉邦。

感謝天，感謝地，
感謝命運讓我們相遇！

說來也奇怪，張良每次和別人談論《太公兵法》時，別人總像聽天書似的。但每次和劉邦談論《太公兵法》時，劉邦總是一點就通，並對張良言聽計從。張良當即決定不去投靠景駒，就跟著劉邦混。

此時，陳勝、吳廣那邊是什麼情況呢？兩人紅得快，涼得也快。不到半年，雙雙被殺。

起兵於江東的項梁、項羽叔侄二人聽說陳勝被殺後，聽從謀士范增的建議，擁立楚國王室後裔熊心為楚懷王。

這讓張良看到復國的希望，於是，他勸項梁說：

將軍既然已經擁立一位楚王，為何不再擁立一位韓王，為楚國增加一個強大的盟友呢？韓國公子韓成不錯，很適合做韓王！

當時，秦軍還非常強大，而張良的建議對項梁來說一本萬利，所以項梁沒有理由拒絕。

　　項梁當即擁立韓成為韓王，並任命張良為韓國司徒，這也意味著劉邦將失去張良這個「王牌智囊」。

　　張良帶著韓成攻打韓國舊地多天，卻一直沒什麼收穫。就在這時，劉邦有如天降，幫他們奪回十幾座城。

隨後，劉邦讓韓成駐守這些城池，然後向韓成「租借」張良，因為他此刻太需要張良了。

懷王和諸將約定，誰先攻入大秦帝國的老巢關中，就封誰做關中王。競爭實在太激烈了，所以我希望借用一下張良，讓他助我拿下關中！

到達嶢關時，劉邦被秦軍擋道。劉邦本想率領二萬人馬與秦軍硬拚，卻被張良攔住了。

秦軍的戰鬥力還很強，不能硬拚。我聽說嶢關的守將是屠夫的兒子，商人唯利是圖，可以用金錢收買他！你先派人準備五萬人的便當，讓秦軍誤以為我們有五萬人，再在各個山頭多插旗子，虛張聲勢，嚇唬秦軍，然後派人攜帶珍寶誘降守將，一定能成功！

　　守將收到珍寶，果然背叛秦朝，且打算與劉邦一道攻打秦都咸陽。這時，張良卻勸劉邦說：

守將想造反，不代表他手下也想造反。如果他手下不從，後患無窮。不如趁他們懈怠之時，滅了他們！

劉邦聽從張良的建議，一舉打敗嶢關的守軍。

隨後，他帶著大部隊一鼓作氣，打到咸陽城下。

此時，秦二世已被大宦官趙高殺害，由秦王子嬰即位。

秦始皇稱帝後，對子孫後代進行數位化管理：他自稱「始皇帝」，其他皇帝依次稱二世、三世直到萬世。為何傳到子嬰時，不稱「秦三世」，而改稱「秦王」呢？因為當時大權被趙高把控。趙高認為，六國已經復國，秦朝的地盤已所剩無幾，所以新君不適合繼續稱「皇帝」，應改稱「秦王」，所以只讓子嬰做了秦王。不過，沒多久，子嬰就把趙高給宰了。

劉邦雖然著急進入咸陽，卻不急著攻城，因為他打算勸降子嬰。

子嬰才即位四十六天，還沒過完秦王癮，他會輕易投降嗎？會！

子嬰手裡要人沒人，要武器沒武器，不投降會死得很慘！

子嬰開城投降，使得劉邦成為第一個打進關中的人。

這個關中王我當定了！

你高興得有點早了！

劉邦以前是個鄉巴佬，沒見過什麼世面，一進皇宮，看到大別墅、稀世珍寶和美女，就賴著不走了。張良便勸他說：

正是因為秦朝殘暴無道，你才有機會來到這裡。我們替天下剷除暴政，應該以儉樸為本。現在剛進入咸陽，你就想逍遙快活，不是助紂為虐嘛！

劉邦雖然一身臭毛病，但擅長聽取別人意見，便帶兵返回軍營。

然而，不久他為了當關中王卻做了一件差點讓他送命的事：派人把守函谷關，不讓其他人入關。

劉邦不但搶了我的風頭，還敢擋我的道，我看他是活膩了！

項羽號稱「戰神」，幾乎百戰百勝，當時他手下有四十萬精兵，而劉邦只有十萬雜牌軍。項羽想滅劉邦，彈彈手指的事。

就在項羽準備發兵滅掉劉邦的時候，他的叔叔項伯卻誤了事。

小知識

以前，張良曾救過項伯一命。項伯為了報恩，大半夜找到張良並告訴他，侄子準備第二天發兵攻打劉邦，讓他趕緊逃跑。張良連忙將此事告訴劉邦，劉邦知道自己不是項羽的對手，便百般討好項伯，還和他結為兒女親家，為的是讓項伯替他在項羽面前美言幾句。

你借我十個膽，我也不敢背叛項將軍啊！我之所以封鎖函谷關，是為了防備盜賊！

我回去會替你說好話的，但你最好明天親自到鴻門向我侄子道歉，有我在，我相信他會原諒你的！

第二天一大早，劉邦便奔赴鴻門向項羽賠罪。

項羽請他吃了歷史上最驚心動魄的一頓飯：鴻門宴。

席間，范增曾多次提醒項羽殺劉邦，但項羽始終不忍心動手。范增只好叫來項莊，讓他以舞劍助興為由殺掉劉邦，不料卻被項伯攪亂了，才讓劉邦活著回去。

吃過鴻門宴，劉邦再也不敢阻攔項羽，項羽輕鬆進入咸陽。進入咸陽後，項羽做了三件令人髮指的事。

我把秦王子嬰給殺了！我把皇宮裡的珍寶、美女全部占為己有！我又一把火燒了整個皇宮，大火燒了三個月都沒有滅！

按照「懷王之約」，劉邦本來應該做關中王，卻被項羽搞砸了。因為項羽翅膀硬了，便不再服從楚懷王的領導，且要自己分封天下。

　　項羽一口氣分封十八個諸侯王，並自封為「西楚霸王」。

　　項羽很不待見劉邦，所以將他分封到偏僻的巴蜀、漢中，讓他做漢王。

此時此刻，我恨不得掐死項羽！

　　韓成更慘，雖然仍是韓王，但因為項羽記恨張良多次幫助劉邦，所以將他軟禁起來，不讓他回國。更悲慘的是，項羽後來還殺了他。

你這事做得太蠢了！張良本來一心輔佐韓成，光大韓國，而今你卻將他殺害，恰恰將張良推向劉邦，反倒幫了劉邦大忙！

韓成一死，張良的復國夢徹底破滅。他只好投奔劉邦，並一心一意輔佐劉邦。

你能回到我身邊，我得感謝項羽！

後來，劉邦派大將韓信明修棧道、暗渡陳倉，奪回原本就該屬於他的關中，然後以關中為根據地，與項羽爭奪天下。

楚、漢爭霸期間，劉邦幾乎沒打過一次勝仗。

項羽雖然逢戰必勝，但總消滅不了和他打游擊戰的劉邦。

兩人一連打了四年，最後打累了，便罷兵言和，還簽了中分天下的盟約：鴻溝以西歸漢，鴻溝以東歸楚。

就在劉邦和項羽打算各回各家、各找各媽的時候，張良勸劉邦說：

如今，漢已擁有大半個天下，而且諸侯都歸順我們。然而楚軍卻疲憊不堪，這正是消滅項羽的大好時機。現在放過他，等於縱虎歸山！

和平條約

劉邦隨即撕毀盟約，繼續追擊項羽，可惜還是打不過人家。就連和他約好一起圍堵項羽的韓信和彭越也不見蹤影。

這時，張良又開始出主意給劉邦。

項羽即將滅亡，韓信、彭越卻沒有分到一點好處，他們不來不是很正常嘛！

如果你能與他們共分天下，他們會立刻趕來！

劉邦立刻向韓信、彭越許諾，只要滅掉項羽，就給他們每人分封一大片土地。

兩人得到承諾後，果然笑呵呵地跑來了。

大王放心，這次保證幫你弄死項羽！

很快，韓信、彭越等人便將項羽圍困在垓下。

隨後，劉邦又花錢請了一批漢人歌手，讓他們集體合唱楚歌，搞得項羽以為漢軍已經攻破楚地。

不久，項羽與老婆虞姬上演一齣《霸王別姬》的悲劇。

項羽本來有機會逃回江東，但由於敗得一塌糊塗，沒臉回去，最終在烏江自刎。

項羽死後，劉邦稱帝並建立漢朝。

有一天，他請大臣們吃大餐。席間，他問大家一個問題：
你們知道為什麼我能打敗項羽並奪得天下嗎？

你們只知其一，不知其二。運籌帷幄之中，決勝於千里之外，我不如張良。鎮守國家，安撫百姓，我不如蕭何。率領百萬士兵，戰必勝，攻必克，我不如韓信！這三人都是人中豪傑，我能任用他們，才能奪得天下！

接下來，就是大封功臣了。

做為開國第一功臣，蕭何得到一萬戶左右的封地。

張良呢？劉邦讓他在齊國隨便挑三萬戶。不過，情商爆表的張良卻只要了一個小縣城。

當初，我在留縣遇到陛下，是上天把我交給陛下。陛下採納我的計謀是我的榮幸，將留縣賞給我，我就很滿足了！

今後留縣就是你的了！

張良為何不肯接受三萬戶的封地呢？他知道如果接受，他將死得很慘。因為劉邦是一個喜歡卸磨殺驢的帝王，他稱帝後，幾乎將幫他打天下的異姓諸侯王屠戮殆盡。就連死黨蕭何也曾被他猜忌，害得蕭何不得不透過自嘲來打消他的疑慮。如果張良接受三萬戶封地，他將對劉邦產生威脅，劉邦會放過他嗎？顯然不會！

劉邦封賞二十多個功臣後，餘下的功臣日夜爭功，搞得劉邦一時間不知道該如何封賞。

有一次，劉邦看到一幫將領圍在一起說悄悄話，便問張良說：

他們聊什麼呢？

陛下不知道嗎？他們正商量著怎麼謀反呢！

天下基本上被我平定，他們為何還要謀反呢？

陛下以前也是草根，如今靠著他們才奪得天下。現在陛下做了天子，只封賞老朋友，並誅殺得罪過陛下的人。他們擔心得不到封賞，又怕因為以往的過錯被陛下誅殺，就動了謀反之心！

　　這下可把劉邦嚇壞了，見他一臉驚恐，張良便替他想了一招。

你平生最恨誰？說一個大家都知道的！

雍齒！這傢伙以前看不起我，後來帶著鄉親們背叛我。要不是看他功勞多，我早宰了他！

你先封賞雍齒，大家看到雍齒受到封賞，就不會擔心自己受不到封賞了！

連陛下最憎恨的人都受到封賞，我們還有什麼好擔心的呢！

等天下安定後，張良不再過問政事，一心修道，直至去世。

小知識

還記得黃石公關於「十三年後」的預言嗎？十三年後，張良果然在谷城山下遇到一塊黃石，然後將其帶回家供奉起來。等張良死後，家人將他與黃石葬在一起。

沒有您老人家提點，我這輩子恐怕不會有這麼大的作為！感恩！

柒

諸葛亮

未出茅廬，已知天下三分

在很多人眼中，諸葛亮上知天文，下知地理，知曉陰陽八卦，精通奇門遁甲，可謂半人半神。

在後人看來，諸葛亮多智而近妖！

事實上，諸葛亮沒有傳說中那麼神，只不過被神化了。但不可否認的是，他確實智謀過人，且世間少有。

那麼，他具體厲害到什麼程度呢？有沒有什麼參照物？我們來看看諸葛亮如何自我評價。

我自認為和輔佐齊桓公稱霸的管仲、輔佐燕昭王振興燕國的樂毅有一拚！

不過，他出道前，大家認為他連替管仲、樂毅提鞋都不配，只有當時的名士徐庶、崔州平比較看好他。

我們敢打包票，諸葛亮絕對是個潛力股！

當整天被曹操打得東躲西藏的劉備逃到荊州的新野時，徐庶趁機向劉備推薦諸葛亮。

隆中有個叫諸葛亮的人，是個奇才，將軍想不想見見？

那你把他帶過來吧！

這種人只能拜訪，不能隨便召他過來。將軍還是親自前往比較好！

於是，劉備便親自登門拜訪，沒想到一連去了三次才見到諸葛亮。

這就是「三顧茅廬」的故事。

你連個網紅都不是，怎麼還擺這麼大的臭架子呢？

做為漢室宗親，劉備一心想匡扶漢室，但不知道怎麼做，便向諸葛亮問計。

漢室衰微，奸臣當道，令天子蒙羞。我想為天下伸張正義，但能力有限，所以屢屢失敗，你說我該怎麼做呢？

諸葛亮沒有直接回答劉備，而是先為他理一理天下大勢。

自從董卓作亂以來，天下豪傑紛紛起義，割據一方的比比皆是！

曹操雖然沒有袁紹紅，也沒有袁紹粉絲多，但他為何能打敗袁紹？不僅是因為占據天時，還在於他擅長謀劃。如今，他擁有百萬雄兵，又挾天子以令諸侯，不能和他爭鋒！

孫權占據江東，經過他爹、他哥和他自己三個人的經營，再加上地勢險要，粉絲生猛，你只能和他結盟，不能打他的主意！

這也不行，那也不行，劉備到底該怎麼辦呢？

荊州、益州是好地方，但它們的主人都是草包，只要將軍能拿下，與孫權結盟，共拒曹操，你就能夢想成真！

諸葛亮的話讓劉備樂開了花，當即懇請諸葛亮出山輔佐自己。

諸葛亮是個爽快人，便答應了。

劉備對諸葛亮比對老婆還好，搞得關羽和張飛十分妒忌。劉備還曾對關羽、張飛說：

有一年，曹操準備攻打荊州，荊州牧是個膽小鬼，二話不說就投降了。

荊州無法待了，劉備只好繼續逃亡。

當時，孫權正坐山觀虎鬥，懶得插手曹操和劉備的事。

諸葛亮為了迫使孫權結盟，只好使用激將法。

將軍如果能與曹操抗衡，就趕緊和他劃清界限。如果不能與他抗衡，早點放下兵器投降吧！你現在猶猶豫豫，遲早大禍臨頭！

你讓我投降，為何劉備卻不投降呢？

劉備是皇親國戚，英明神武，無所不能。即便不能建功立業，那是天意，怎麼能替曹操當小弟呢？

我占據江東，擁有十萬兵馬，更不可能替曹操做小弟了！

孫權心裡清楚，曹操想一統天下，滅了劉備後，下一個就會滅他。儘管他不想投降，但也懼怕曹操，於是便問諸葛亮：

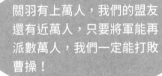

劉備前不久在長坂坡吃敗仗，怎麼和曹操鬥下去呢？

關羽有上萬人，我們的盟友還有近萬人，只要將軍能再派數萬人，我們一定能打敗曹操！

曹操一旦戰敗，就會退回北方。荊州和江東就會強大起來，天下三分的局面就會形成。成敗在此一舉，就看你怎麼選了！

很快，諸葛亮憑藉三寸不爛之舌成功說服孫權。

曹操率領幾十萬大軍準備在赤壁打趴劉備、孫權。

可惜手下都是旱鴨子，不擅長水戰，導致他做了一件蠢事：將所有戰船用鐵索連在一起。

結果，讓周瑜的部將黃蓋想到一個打敗他的妙計：火攻！

你們是不是都以為火攻之計是諸葛亮和周瑜想出來的？你們被《三國演義》騙了！這個計策是我黃蓋想出來的！

　　為了實施火攻，黃蓋先向曹操詐降，然後選在一個颳大風的日子，正大光明地帶著幾十艘裝滿柴草和油膏的戰船向曹營駛去。

今天，我要讓曹操嘗嘗孫猴子在太上老君煉丹爐裡被火烤的滋味！

快接近曹軍戰船時，黃蓋命人點燃自己的戰船，然後乘坐小船逃之夭夭。

　　當時，風特別大，曹軍戰船很快被點燃。船上的人要嘛被烤成肉乾，要嘛跳進江裡餵魚。

　　這就是歷史上非常有名的「赤壁之戰」。

　　赤壁之戰，曹操一敗塗地，短期內無力一統天下，只能與劉備、孫權三分天下。

後來，曹操稱王並建立魏國。他兒子曹丕逼迫漢獻帝禪讓後，正式稱帝。隨後，劉備稱帝並建立蜀國，孫權稱帝並建立吳國。我們所說的「三國」，指的就是魏國、蜀國和吳國。

打跑了曹操，劉備與孫權因為荊州的歸屬權鬧起矛盾，還害死關羽。

我的兩個兄弟死得太悲慘了！

殺兄弟之仇，奪荊州之恨，焉能不報？劉備便率領大軍與孫權的大將陸遜在夷陵打了一仗。

夷陵之戰，劉備被打得大敗，不得不灰溜溜地躲進白帝城。在白帝城沒待多久，他就病逝了。臨終前，他把「扶不起的阿斗」劉禪託付給此時已經被提拔為丞相的諸葛亮。

劉禪即位後，像對待親爹一樣對待諸葛亮，且任何事都聽他的。

為了統一天下，諸葛亮曾多次北伐魏國。但尷尬的是，第一炮就沒打響，因為他錯用一個叫馬謖的人。

北伐期間，諸葛亮遇到的最大敵人叫司馬懿。

諸葛亮曾多次派人挑戰，但他就是不接招。

諸葛亮為了激怒他，還送了一件女人衣服給他，嘲笑他不是男人。

面對諸葛亮的百般羞辱，司馬懿雖然不生氣，但魏軍一個個都氣瘋了。

　　為了平息眾怒，司馬懿開始一番精彩的表演：他不惜派人千里回京，向天子請戰。但他又私下告訴皇帝說：

　諸葛亮急於求戰，我們偏不應戰，氣死他！為了不讓我們的士兵誤以為我膽小，你派個人到軍營，只要我一說出戰，你就讓他攔著我！

無論是魏國將士，還是蜀國將士，都被司馬懿炸裂的演技給騙了。他們以為司馬懿原本想應戰，只是礙於皇帝的阻攔才沒應戰。然而，諸葛亮卻說：

諸葛亮與司馬懿死纏爛打一百多天，司馬懿始終拒不出戰。

　　沒多久，諸葛亮病逝於五丈原。

　　臨死前，諸葛亮擔心自己死後司馬懿會趁機攻打蜀軍，於是為他設下一計。

> 我死後，你們帶領大軍悄悄撤回蜀國！如果司馬懿趁機追擊，你們就翻轉軍旗，做出鳴鼓進軍的樣子，他必不敢追！

　　沒多久，諸葛亮去世的消息便傳進司馬懿耳中。司馬懿大喜，立刻率兵追擊蜀軍。

　　然而，剛追出沒多久，他突然發現蜀軍掉頭並做出應戰的樣子。

　　司馬懿以為諸葛亮是拿生命來設陷阱，拔腿就跑。

幸虧我跑得快，不然
就上了諸葛亮的當！

過了很久，司馬懿才確信諸葛亮已經去世，不禁稱讚道：
「諸葛亮真是天下奇才啊！」

因為這事，老百姓還編了個嘲笑司馬懿的諺語。

死諸葛嚇跑活仲達
（司馬懿字仲達）！

哈哈，我只會預料活人的事，
哪會預料死人的事呢！

捌

劉伯溫

一個能掐會算的神人

元末明初，有個能掐會算的神人，皇帝視他如張良，名士視他如諸葛亮，甚至有人認為他比諸葛亮還厲害。

想必大家已經猜出來他是誰了吧？

沒錯，他正是劉伯溫！

劉伯溫打小是個書痴，什麼書都看，所以懂得特別多，尤其精通預測吉凶的象緯之學。

我掐指一算，讀這本書的都是博古通今的「歷史迷」！

年輕時，劉伯溫便考中進士，做了官。

他從來不怕得罪人，不管你是天王老子，還是達官顯貴，只要違法亂紀，他一律上書彈劾。

當官不為民做主，
不如回家賣紅薯！

元朝末年，天下大亂。有個叫方國珍的起義軍領袖像個土匪頭子似的，走到哪裡搶到哪裡。

當時，沒有多少人能制得了他，於是政府便派出劉伯溫。

劉伯溫一出馬，方國珍一秒變膽小。

大哥，你是我搶劫
事業上的恥辱！

不久，有個高階主管想招降方國珍，但被劉伯溫阻止了。

方國珍聽說劉伯溫非要把他朝死裡整，整天過得提心吊膽。

為了活命，方國珍便大把大把地送錢給劉伯溫，卻沒想到這招對劉伯溫一點都不管用。

搞不定劉伯溫怎麼辦呢？
方國珍還有招。

> 雖然劉伯溫不愛錢，但總有比他官大且愛錢的人！只要搞定這些人，他劉伯溫算個屁！

你還別說，錢能買命。方國珍不但保住性命，還從叛軍首領搖身一變成朝廷命官。

劉伯溫呢？他成了倒楣蛋，不但受到朝廷斥責，還被調往別處。

> 這就是和我與錢過不去的下場！

後來，劉伯溫又被地方長官派去圍剿山賊。劉伯溫屢屢立功，長官便將他的功勞上報給朝廷。

可惜當權者因為和方國珍穿一條褲子，故意打壓劉伯溫。儘管給他升官，卻不讓他掌管兵權。

真是物以類聚，
人以群分啊！

劉伯溫一氣之下，辭官不幹了，在家專心寫書。

如果有一天變成帶貨主播，
一定幫你賣書，讓你成為暢
銷書作家！

然而，突然有一天，劉伯溫的身分發生翻天覆地的變化：他從剿殺起義軍的先鋒人物變成起義軍中的一分子。因為他加入起義軍領袖朱元璋的隊伍。

　　事實上，朱元璋最初邀請劉伯溫入夥時，劉伯溫是拒絕的。不過，後來經不住朱元璋手下的勸說，這才答應。然而，他一見到朱元璋，便一口氣提了十八條建議給他。

當時，最有實力與朱元璋爭奪天下的主要有兩個人：一個是陳友諒，另一個是張士誠。

　　當朱元璋詢問劉伯溫如何掃滅群雄、一統天下時，劉伯溫出了個好點子給他。

> 張士誠只會保全自己，不值得擔心。陳友諒得位不正，又將我們視作眼中釘，應該先滅了陳友諒。等陳友諒滅亡後，張士誠就不足為慮了。然後，我們向北平定中原，就能成就一番事業！

　　不過，還沒等朱元璋發難，陳友諒卻突然率兵殺來。

　　由於陳友諒的兵力是朱元璋的數倍，諸將有勸朱元璋投降的，有勸朱元璋逃跑的，而劉伯溫卻對朱元璋說：「主張投降和逃跑的人，都應該拉出去砍了！」

先生既不支持投降，也不支持逃跑，想必一定有什麼好辦法吧？

陳友諒現在有點膨脹，我們只需要等他率兵深入，然後派兵伏擊，就能輕易將他打敗。能不能成就大業，在此一舉了！

等陳友諒率兵殺來後，果然如同劉伯溫所料，被輕易擊退。

小知識

其間，陳友諒有個叫胡美的小弟，打算投降朱元璋，但他提了一個條件：別解散他的部隊。當時，朱元璋有些猶豫。然而，一旦讓胡美知道他不情願，這事就沒戲了。劉伯溫連忙用腳踢床提醒朱元璋，朱元璋也挺機靈，立刻答應胡美的條件。等胡美投降後，整個江西都被朱元璋輕易拿下了。

沒多久，安豐告急。朱元璋想親自率兵營救，但劉伯溫卻不贊同。

陳友諒、張士誠都在死死地盯著你，我們不能輕舉妄動！

朱元璋不聽，結果他這邊剛走，陳友諒那邊立刻率兵進攻他的戰略要地洪都，搞得朱元璋追悔莫及。

沒有聽先生的話，險些誤了大事！

朱元璋立刻掉頭支援洪都，並與陳友諒大戰於鄱陽湖。

　　就在兩軍打得不可開交時，劉伯溫突然大呼一聲，隨後急吼吼地催促朱元璋轉移到其他船上。

　　沒想到朱元璋剛轉移好，先前乘坐的船便被飛炮擊得粉碎。

朱元璋與陳友諒一連打了數日，一直未分勝負。
陳友諒人多勢眾，再耗下去，對朱元璋不利。
這時，劉伯溫給朱元璋出了一個妙計。

如果我們移軍湖口，堵住陳友諒的出口，然後在金木相剋的那天與他決戰，一定能打敗他！

　　朱元璋按照劉伯溫的計策與陳友諒決戰，不但大敗陳友諒，還射殺了陳友諒。

　　朱元璋後來能打敗張士誠，北伐中原，建立明朝，也都是劉伯溫為他籌劃的。

相信很多人都知道，朱元璋在歷史上是一個殺人如麻的狠角色，但這種狠角色卻唯獨對劉伯溫又敬又怕。

這是為什麼呢？因為劉伯溫經常用神鬼之事勸諫他。

劉伯溫到底是如何勸諫朱元璋呢？舉幾個例子：當火星運行到星宿內時，劉伯溫讓朱元璋下罪己詔。當天大旱時，劉伯溫讓朱元璋替老百姓平反冤案，天還挺幫忙，不久便會下雨。劉伯溫又請求建立法度，防止官員濫殺無辜。當朱元璋因為做噩夢而想處決囚犯時，劉伯溫卻說是吉象。

你這種能掐會算的人太可怕了！

「神鬼之事」本來就是矇人的，所以劉伯溫偶爾也會鬧笑話。

有一年，天大旱，劉伯溫對朱元璋說：

不但將陣亡將士的老婆遷到其他地方居住，還讓工匠們暴屍荒野，容易導致陰氣鬱結！

如果將投降的士兵全部編入軍隊，就能協調陰陽之氣，不久天就會下雨！

　　朱元璋採納了劉伯溫的建議，但老天不給面子，一連等了很多天，依然不下雨，氣得朱元璋差點掀桌子。

　　就在朱元璋即將發難之際，劉伯溫老婆用生命幫他躲過一劫。因為他老婆突然去世了，讓他找到提前退休的藉口。

我死了老婆，沒心情工作了，請陛下允許我提前退休！

准了！

回到老家，劉伯溫過起隱居生活。每天喝喝酒，下下棋，過得優哉游哉。

伴君如伴虎，還是做個隱士舒坦！

縣令曾多次求見劉伯溫，但劉伯溫死活不見。

你為何不肯見縣令呢？

皇帝一直猜忌我，他的爪牙遍布天下，如果讓他誤會我有結黨營私的嫌疑，肯定不會饒了我！

為了能見劉伯溫一面，縣令便化裝成老百姓去見他。劉伯溫不知道縣令的真實身分，就留他一道吃飯。

等吃到一半，縣令才如實相告，嚇得劉伯溫連忙起身，並自稱「草民」，然後謝罪離開。

兄弟，你嚇到我了！

有個叫胡惟庸的小人，和劉伯溫合不來，就想除掉他，用的辦法非常歹毒。他暗中派手下人對朱元璋說：

有個地方有帝王氣，劉伯溫想把自己葬在那裡，但當地老百姓不答應，他竟然派人把老百姓轟走了！

朱元璋一向迷信，儘管沒有嚴懲劉伯溫，但卻停發他的養老金。

說劉伯溫想把墓地建立在有帝王氣的地方，等同於說劉伯溫想謀反，這是滅族之罪。這下把劉伯溫嚇壞了，他立刻收拾行李，親自到京城向朱元璋謝罪，且住下不走了。

謝完罪回老家不就行了嗎？為何要一直待在京城呢？

我不待在京城，皇帝對我不放心。我待在他眼皮子底下，好讓他把心放進肚子裡！

後來，胡惟庸做了丞相。在劉伯溫生病期間，他曾派醫生替劉伯溫看病。結果，劉伯溫吃了醫生開的藥，肚子裡長出一個拳頭大的石頭，不久就去世了。

　　有人認為，劉伯溫很可能是被胡惟庸毒死的。

胡惟庸想毒死劉伯溫，沒那麼容易。說他是被胡惟庸毒死的，很可能是皇帝殺胡惟庸時找的一個藉口！劉伯溫很可能是病死的。為何會生病呢？還不是因為皇帝經常打壓他，導致他心情鬱悶！

HISTORY 系列 113

軍師大進擊：歷代智囊的奇謀妙計

作　　者 — 韓明輝
副總編輯 — 邱憶伶
責任編輯 — 陳映儒
行銷企畫 — 林欣梅
封面設計 — 兒日
內頁設計 — 張靜怡

編輯總監 — 蘇清霖
董 事 長 — 趙政岷
出 版 者 — 時報文化出版企業股份有限公司
　　　　　108019 臺北市和平西路三段 240 號 3 樓
　　　　　發行專線 — (02) 2306-6842
　　　　　讀者服務專線 — 0800-231-705・(02) 2304-7103
　　　　　讀者服務傳真 — (02) 2304-6858
　　　　　郵撥 — 19344724 時報文化出版公司
　　　　　信箱 — 10899 臺北華江橋郵局第 99 信箱
時報悅讀網 — http://www.readingtimes.com.tw
電子郵件信箱 — newstudy@readingtimes.com.tw
時報出版愛讀者粉絲團 — https://www.facebook.com/readingtimes.2
法律顧問 — 理律法律事務所　陳長文律師、李念祖律師
印　　刷 — 勁達印刷有限公司
初版一刷 — 2023 年 5 月 12 日
定　　價 — 新臺幣 380 元
（缺頁或破損的書，請寄回更換）

時報文化出版公司成立於 1975 年，
1999 年股票上櫃公開發行，2008 年脫離中時集團非屬旺中，
以「尊重智慧與創意的文化事業」為信念。

軍師大進擊：歷代智囊的奇謀妙計／韓明輝著．
-- 初版 . -- 臺北市：時報文化出版企業股份有
限公司 , 2023.05
240 面；14.8×21 公分 . --（History 系列；113）
ISBN 978-626-353-786-6（平裝）

1. CST：軍事家　2. CST：傳記
3. CST：通俗作品　4. CST：中國

782.21　　　　　　　　　　　　112006076

ISBN　978-626-353-786-6
Printed in Taiwan